AF742743

कथाकार की कविताएं

"Storyteller's Poetries"

Niranjan Malode

Copyright © Niranjan Malode
All Rights Reserved.

This book has been self-published with all reasonable efforts taken to make the material error-free by the author. No part of this book shall be used, reproduced in any manner whatsoever without written permission from the author, except in the case of brief quotations embodied in critical articles and reviews.
The Author of this book is solely responsible and liable for its content including but not limited to the views, representations, descriptions, statements, information, opinions, and references ["Content"]. The Content of this book shall not constitute or be construed or deemed to reflect the opinion or expression of the Publisher or Editor. Neither the Publisher nor Editor endorse or approve the Content of this book or guarantee the reliability, accuracy, or completeness of the Content published herein and do not make any representations or warranties of any kind, express or implied, including but not limited to the implied warranties of merchantability, fitness for a particular purpose.
The Publisher and Editor shall not be liable whatsoever...

Made with ❤ on the BookLeaf Publishing Platform
www.bookleafpub.in
www.bookleafpub.com

Dedication

यह कहा जाता है कि आपकी पहली किताब हमेशा आपके पहले प्यार को समर्पित होनी चाहिए, और इसलिए मैं अपनी इस किताब को अपने जीवन के पहले प्यार – अपनी दादी "ठकुबाई माळोदे" – को समर्पित करता हूँ।
मुझे आज भी अपना बचपन याद है, जब मैं उनके पास सोकर उनकी कहानियाँ सुनता था और उनकी झुर्रियों को निहारता था। वे झुर्रियाँ मेरा घर थीं, जिनमें मेरी कल्पना को यह स्वतंत्रता मिली कि मैं जो चाहूँ वह बन सकूँ।

मैं यह किताब मेरे परिवार के सभी सदस्य, एवं मेरे सभी दोस्तों को समर्पित करता हूँ, जिन्होंने मुझे निरंतर प्रेरित किया।

इसके बाद मैं अपने काव्य समूह “यमक वगैरे” का आभार मानना चाहता हूँ, जहाँ मैंने अपनी कविताओं के प्रति जुनून को फिर से खोजा और लिखना जारी रखा, क्योंकि मुझे अपने श्रोताओं की आँखों में देखते हुए अपनी कविताएँ सुनाना बेहद पसंद था।

और अंत में, उन सभी अधूरी प्रेम कहानियों को, जिन्होंने मेरी लेखनी में गहराई भर दी!

Preface

भूमिका

मेरी लेखक बनने की कहानी अपने आप में एक अद्भुत कथा है, जिसे मैं शायद अपने साठवें दशक में लिखूँगा। फिलहाल आपको बस इतना जान लेना चाहिए कि मैं एक पागल कथाकार हूँ, जिसे अपनी कहानियाँ कविता के माध्यम से सुनाना बेहद पसंद है। मैंने हमेशा माना है कि लेखन बहुत स्वाभाविक और सहज होना चाहिए। कविता भी एक ऐसी ही कला है, जो किसी पहाड़ की चोटी से घाटी की ओर बहती तेज़ नदी की तरह मुक्त प्रवाह में बहती है। इस पुस्तक में वही कविताएँ संकलित हैं, जो उतनी ही स्वाभाविक और सहजता से लिखी गई हैं – जितना शुद्ध रूप से एक लेखक स्वयं को पाठकों के सामने प्रस्तुत कर सकता है।

बचपन में, मैं अपनी बहन के साथ कार्टून देखता था और मेरी कल्पना की कोई सीमा नहीं थी। मैं लगातार पढ़ता और लिखता रहा। मुझे आज भी याद है कि चौथी कक्षा में ही मैं हिंदी, मराठी और अंग्रेज़ी में मौलिक निबंध लिख लेता था – बिल्कुल आज के ChatGPT जैसे कृत्रिम लेखन से अलग। कहानियों के प्रति मेरा प्रेम असीम था, और कविता उन कहानियों को व्यक्त करने का सबसे सुंदर माध्यम बन गई। मेरी कुछ प्रारंभिक कविताएँ तो मेरे नाट्य-प्रयोगों के लिए लिखी गई थीं, जो धीरे-धीरे हर भावना और संवेदना को व्यक्त करने की सबसे स्वाभाविक भाषा बन गईं।

मुझे यह स्वीकार करना होगा कि मुझे कविता का पाठ करना बेहद पसंद है। श्रोताओं के सामने अपनी कविता सुनाते हुए उनके भीतर दबे हुए भावों को मुक्त करने का जो सुख मिलता है, वह अनमोल है। यही वह शक्ति है, जिसने मुझे लिखने और लगातार लिखते रहने के लिए प्रेरित किया।

Acknowledgements

इस काव्य-संग्रह "कथाकार की कविताएँ" के पूर्ण होने में अनेक लोगों का साथ और सहयोग रहा है। सबसे पहले मैं अपने परिवार का आभारी हूँ, जिन्होंने हमेशा मेरा हौसला बढ़ाया और मेरे लेखन को अपना विश्वास दिया।

मैं अपने मित्रों और सहकर्मियों का भी धन्यवाद करता हूँ, जिन्होंने समय-समय पर मेरी रचनाओं को पढ़कर सुझाव दिए और मुझे नई दृष्टि से सोचने की प्रेरणा दी।

विशेष आभार उन सभी क्षणों, यात्राओं और अनुभवों का, जिन्होंने मेरे भीतर कहानियों और कविताओं का यह प्रवाह जगाया। साथ ही, प्रकाशन से जुड़े प्रत्येक व्यक्ति का धन्यवाद, जिनके सहयोग से यह पुस्तक अपने पाठकों तक पहुँच पाई।

यह पुस्तक केवल मेरी नहीं, बल्कि उन सबकी है जिन्होंने किसी न किसी रूप में मेरे शब्दों को जीवन दिया।

1. हमेशा सही होना जरूरी नहीं

इतना क्यों लड़ते रहता हूँ मैं अपने आप से,
यह सही है, यह ग़लत है –
दोहराते रहता हूँ मैं अपने आप से।

मान क्यों नहीं लेता कि ज़िंदगी में
सब कुछ सही होना ज़रूरी तो नहीं,
और जहाँ खोई थी मुस्कान,
वह उसी जगह मिले – ऐसा भी तो नहीं।

मेरे भीतर भी कुछ ऐब हो सकते हैं,
अरे पगले! रोने का मन करे,
तो ख़ुद से लिपटकर भी रो सकते है।

दूसरों को चाहे माफ़ कर भी दूँ,
लेकिन ख़ुद को नहीं कर पाता।
असली चेहरा अपना
दुनिया को दिखाने से हूं मैं डरता।

देख लेंगे मेरे अंदर के कुछ नापाक मंज़रों को
तो क्या कहेंगे यह लोग?

पीठ पीछे कुछ बातें करेंगे,
और फिर किसी और की कमियाँ ढूँढ़ने निकलेंगे यह लोग।

अगर ऐसा है, तो फिर क्यों
हमेशा सही दिखना चाहता हूँ मैं?
रोज़ भगवान बदलने वालों का भगवान
क्यों बनना चाहता हूँ मैं?

आज आईने में देखते वक़्त
अपनी सारी कमियों के साथ ख़ुद को देखते हैं,
उसे चाँद की तरह
अपने दाग़ बड़ी शान से पेश करते हैं।

ठीक है – ग़लत होना भी दोहराते हैं अपने आप से।
भूलकर सारी रंजिशें,
थोड़ा मुस्कुराते हैं अपने आप से।

इतना क्यों लड़ते रहता हूँ मैं अपने आप से,
यह सही है, यह ग़लत है –
दोहराते रहता हूँ मैं अपने आप से।

2. वो तू था मेरे दोस्त

जब मैं चलना सीखा, मुझे दौड़ना भी चाहिए
ये दिखाने वाला,
और जब मैं बोलना सीखा तो मुझे थोड़ा चीखना भी चाहिए, यह
बताने वाला,
वो तू था मेरे दोस्त...

जब हम स्कूल गये, तब मेरा टिफ़िन चटकने वाला,
और जब हम साथ क्रिकेट खेलें, तो हमेशा बैटिंग के लिए रोने वाला,
वो तू था मेरे दोस्त...

जब हम दसवीं में थे, तो करियर में आगे क्या करना चाहिए,
ये मुफ़्त का ज्ञान देने वाला,
और हमारे कम नंबर आने पर घरवालों को
कैसे उल्लू बनाना है, इसका प्लान बनाने वाला।
वो तू था मेरे दोस्त...

जब हम गलती से इंजीनियरिंग तक पहुँच गये,
तो लड़कियों को कैसे पटाना है,
और ६ महीने बाद उनसे कैसे छुटकारा पाना है,
यह अद्भुत तकनीक समझाने वाला।

वो तू था मेरे दोस्त...

जब मेरा दिल टूटा,
तब ३० से ६० और ६० से ९० का सफ़र कैसे तय करना है,
Whisky के साथ बर्फ, Vodka के साथ Soda,
Rum के साथ पानी और ठंडी Beer को सीधा मुँह से लगाना है,
यह महाज्ञान देने वाला,
वो तू था मेरे दोस्त...

जब मेरी जॉब लगी, तब मेहनत से कमाए पैसे तो सिर्फ़ दोस्तों पर
खर्च करने के लिए होते हैं,
और वीकेंड के असली मज़े दोस्तों के साथ पब में आते हैं,
यह पैसे उड़ाने का आसान रास्ता दिखाने वाला,
वो तू था मेरे दोस्त...

जब बात मेरी शादी की निकली, तब कैसे शादी के बाद मेरी ज़िंदगी
नरक बन जाएगी,
और जो डायन मेरे ज़िंदगी में आने वाली थी,
वह मेरे सारे दोस्तों को मार भगाएगी,
यह डर मेरे दिल में पैदा करने वाला,
वो तू था मेरे दोस्त...

जब मेरी सुकून से शादी हो गई और तेरी सारी कही बातें झूठी साबित
हो गईं,
तब मेरी बीवी को मेरी सारी पुरानी गर्लफ्रेंड्स की जानकारी देने वाला,
और कैसे आज भी उन सबसे चुपचाप मैं बातें करता हूँ,
यह आग लगाने वाला,

वो कमीना तू था मेरे दोस्त...

लेकिन इतना सबकुछ होते हुए भी...
जब मैं रोता हूँ, तो मेरे आँसू पोछने वाला...
जब मैं सहारा ढूँढता हूँ, तो मेरे कंधों पे हाथ रखने वाला...
जब मैं बिखरता हूँ, तो मुझे सँवारने वाला,
और जब मैं किसी मुश्किल में फँस जाता हूँ,
तो, "कहाँ है तू? मैं दो मिनट में आता हूँ"
यह कहने वाला दोस्त, वो तू है मेरे दोस्त...
वह हमेशा तू ही है मेरे दोस्त....

3. कितने दफ़े

उसने ना भी कहा और नज़रें झुका कर
शरमाती भी रही कितने दफ़े...
सिर्फ़ दिल नहीं तोड़ा उसने,
ज़िंदगी भर मुझे उलझाती रही कितने दफ़े....

तेरी ना ने भी दीवाने सा हाल कर दिया,
अगर तू हाँ कहती तो दिल लुटा देते तुझी पर,
ना जाने कितने दफ़े...

कितने दफ़े दिल ने कहा... दिल की सुनी,
कितने दफ़े....

सिर्फ़ तारीफ़ नहीं, रूहानी इबादत की है
तेरी इस दिल ने कितने दफ़े....
जाने-अनजाने, किसी अनजान को तेरे
नाम से बुलाया है मैंने कितने दफ़े....

अब ये खुदाई छोड़ कर मुझसे मिलने आना,
काजल भरी रात को बस एक दफ़े....
तुझे संभाल कर खुदा बना कर रख लूँगा,

अपने दिल में सजाकर हर दफ़े....

कितने दफ़े दिल ने कहा... दिल की सुनी,
कितने दफ़े....

आसमानों से सफ़र करते हुए
तेरी आँखों की चाँदनी तक पहुँचा मैं
कितने दफ़े....

सोचा कि इन तारों को तेरी आंचल में उतारूँ,
और बड़ी शिद्दत से सजाऊँ
तेरे कानों में बस एक दफ़े....

किसी दिन तेरी ज़ुल्फ़ों में चुपचाप अपना दिल
छोड़ आऊँ...
और तू उसे भी बड़े प्यार से सहलाए कई दफ़े....
मगर डरता हूँ कहीं तू ये ना कह दे,
कि क्यों भूलते हो इसे यहाँ हर दफ़े....

कितने दफ़े तुझे भूलने की कोशिश करता रहा....
भूलता रहा कि तुझे भुलाना है, कितने दफ़े....
कितने दफ़े दिल ने कहा... दिल की सुनी,
कितने दफ़े....

4. तुम लिखते क्यों नहीं रे

उसने मुझसे कहा,
“तुम लिखते क्यों नहीं रे?”
मैंने मुस्कुराकर लिखा,
“मुझे बहुत पसंद हैं तुम्हारे ये गाल गोरे।

वो हँसी और बोली,
“तुम मुझ पर ही क्यों लिखते हो रे?"
मैंने नाराज़ होकर
एक दर्द भरी शायरी लिख दी।
तो वो बोली,
“तुम कितना नेगेटिव लिखते हो रे।"

मैंने तुरंत एक आशावादी गाना लिखा,
तो वो बोली,
“अरे! ऐसा तो सब लिखते हैं,
तुम कुछ अलग क्यों नहीं लिखते रे?”
मैंने उसी वक़्त एक उर्दू ग़ज़ल लिखी,
तो वो बोली,
“तुम क्या लिखते हो, समझ ही नहीं आती रे।”

मैंने साधे और प्यारे शब्दों में
एक प्रेम कविता लिखी,
तो वो शर्मा के बोली,
“ईश! तुम कितना सुंदर लिखते हो रे।”

फिर एक दिन मैंने हिम्मत करके,
व्हाट्सऐप पर उसे सीधे प्रपोज़ कर दिया।
वो गुस्से से बोली,
“तू ऐसा कुछ सोचता होगा,
ऐसा मैंने कभी सोचा नहीं था रे।”

मैंने मनाने को एक उपन्यास लिख डाला,
तो वो बोली,
“वो सब तो ठीक है,
पर तुझे उस नज़र से मैंने कभी देखा नहीं रे।”

फिर मैं अंधेरे से भरे महख़ाने में
ज़िन्दगी का नाटक लिखते बैठा।
तो वो अचानक बोली,
“तू कहाँ गया...
मुझे तेरी कितनी याद आती है रे।”

मैंने अपने सारे प्यार,
सारे जज़्बात समेटकर
उसके लिए एक comeback इंस्टाग्राम पोस्ट बनाई।
तो वो बोली,
“ये मैं अपने एक करीबी दोस्त को

फॉरवर्ड करती हूँ रे।"

मेरे सब्र का बाँध टूट गया,
मैंने गुस्से में आकर
उसके लिए लिखा सब कुछ
जला कर राख कर दिया।

पर अगले ही दिन,
उसकी दोस्त आकर बोली,
"तू कुछ लिखता क्यों नहीं रे?"

और मैं मुस्कुराकर लिख बैठा–
"मुझे बहुत पसंद हैं
तुम्हारे गाल साँवले।"

5. उस दिन का इंतज़ार है - ग़ज़ल

उस दिन का इंतज़ार है।
जब स्याह घटाएँ न लाएँ ग़म का असर...
बल्कि बन जाएँ मोहब्बत का मौसम-ए-सफ़र...

उस दिन का इंतज़ार है।
जब सुबह का बोझ न हो नींद से जुदाई...
माथे पर तेरे मेरे होठों की हो स्याही...

उस दिन का इंतज़ार है।
जब तेहवार न हों सिर्फ़ छुट्टियों का बहाना...
बल्कि हो आँखों का क़ैद... और ज़ुल्फ़ों का फ़साना...

उस दिन का इंतज़ार है।
जब तेरे बालों को छूकर भी हो इज़हार...
शरारत में भी छुपा हो बेइंतहा प्यार...

उस दिन का इंतज़ार है।
जब दफ़्तर से लौटकर मकान न लगे...
तेरी बाँहों में "सुकून-ए-दिल" घर लगे...

उस दिन का इंतज़ार है।
जब हर लम्हा हो नैसर्गिक... हर साँस हो वफ़ा...
सिर्फ़ तू और मैं हों... और ख़ामोशी का सफ़ा...

6. सफर

ये कोई कविता नहीं मेरी कहानी है,
कहानी उस रात की जब मेरे जज़्बात मुझे आकर लिपटे थे...
समंदर की रेत पर कुछ टूटे तारे बिखरे थे...
ये कहानी है मेरी मुझसे मिलने की...
ये कहानी है मेरी मुझसे मेरे रिहा हो जाने की।

कई दिनों से दिल पे मेरे एक बोझ सा था...
ऑफिस की परेशानियाँ, घर वालों की मनमर्ज़ियाँ...
और दोस्तों की पार्टियाँ... यही मेरा रोज़ था...

फिर किसी ने मुझसे पूछा–
कभी घूमने क्यों नहीं निकल जाते...?
किसी पहाड़ पर परचम क्यों नहीं लहराते...?
या किसी झरने में थोड़ा भीग क्यों नहीं आते...?

और मैं बस ये सवाल पूछता–
अच्छा ठीक है यह बताओ...
तुम मेरे साथ क्यों नहीं आते...?

ऐसे ही दिन महीनों में बदले...

और महीने सालों में बदले...
मैं, मेरे जज़्बात, उसी ऑफिस के किसी कोने में आ सिमटे...

तभी मेरे एक दोस्त ने आकर पूछा–
"इस long weekend का क्या plan है...?"
मैंने कहा...
मेरे वही दोस्त–कुछ अधूरे काम और हाथों में जाम है...

वो वहाँ से हंसकर चला गया...
लेकिन मेरी लाचारी को मुझे ही दिखा गया...

मैंने अपनी कार को तुरंत बाहर निकाला...
और Google से बोला–
"Show me the map to Kerala"

कुल 50/100 km दूर आने पर मैं ज़रा सा संभला...
बिना कुछ सामान... बिना कुछ तैयारी के,
मैं ये कहा निकला...

लेकिन जिंदगी में मैं इतनी चीजें पीछे छोड़ चुका था... और अपने
सपने बेचकर U-turn लेते-लेते थक चुका था...

फिर पहली gear से पांचवीं gear तक कब पहुंचा
कुछ पता ही नहीं चला...
उस काली घनेरी रात को सूरज की किरणों ने कब चुमा, कुछ पता ही
नहीं चला...

रास्तों में मैं कई दफ़ा रुका और कुछ नए दोस्तों से भी मिला...

मेरा पहला दोस्त—एक बड़ा सा पत्थर था...
जो मेरी तरह एक ही जगह पर पड़े-पड़े
धीरे-धीरे मिट्टी बन रहा था...

मेरा दूसरा दोस्त—एक सूखा पेड़ था...
जो मेरी तरह अपनी आख़िरी हरी पत्तियों पे
न जाने क्यों इतरा रहा था...

मेरा तीसरा दोस्त मुझे 30 घंटे के सफ़र के बाद मिला,
उसका नाम था समंदर...
जो बाहर से कुछ भी दिखाए,
पर कई राज समेटे बैठा था अपने अंदर।

मैं उसके किनारे,
उसी के सहारे कई घंटों तक बैठा...
मैंने अपना ग़ुरूर, कुछ झूठे ख़्वाब,
कुछ मक्कारियाँ, और ज़रा सा दर्द
अपने अंदर से निकाल, उसमें फेंका...

समंदर बड़े प्यार से उसे भी निगल गया...
वहाँ से निकलते वक़्त,
मुझे मेरा बचपन लौटा गया...

वापस लौटते ही मेरे उसी दोस्त ने कहा—
"यार, ये weekend बड़ा मज़ेदार रहा।"

भूल गए थे हम अपने सारे ग़म,
शराब की बारिश में भीग रहे थे हम...
और मैंने बस ये जवाब दिया...

इस झूठी हकीकत की तलाश में
अपने सच्चे सपने खो चुके हैं हम...
बस सांस लेते-लेते जीना भूल चुके हैं हम...
चलो,
समंदर की गहराइयों में उतरें अब,
किनारे पर बैठे-बैठे,
अंदर से पूरा सूख चुके हैं हम...

7. आजादी?

पूछा मैंने एक बच्चे से –
तु क्या बनना चाहता है...?
Engineer, Doctor या कोई अफसर बनना चाहता है...?

बोला वो डर-डर के –
"मैं सैनिक बनना चाहता हूं...
अपने देश के लिए लड़ना, मरना, कुछ करना चाहता हूं..."

अरे सैनिक बनना चाहता है,
तो इतना डरता क्यों है...?
तेरी आँखों में इतना ख़ौफ़ दिखता क्यों है...?

बोला वो –
"सैनिक बनने से मैं हरगिज़ नहीं डरता...
बस अपने ख़ौफ़ से रोज़ हूं मैं लड़ता..."

खुश होते हैं लोग,
देख एक-दूसरे की बर्बादी...
याद नहीं है किसी को भी
आज भगत सिंह की शहीदी...

अगर हुआ मैं शहीद,
तो क्या किसी को कुछ फ़र्क पड़ेगा...?
मेरी मां के सिवा कोई और,
क्या मेरे लिए दो आँसू बहाएगा...?

मोबाइल में खोया हुआ हिंदुस्तान
क्या कभी जागेगा...?
खून और मिट्टी में लिपटा हुआ
मेरा देशप्रेम क्या कोई देख पाएगा...?

नशे में मदमस्त हुआ युवा
क्या कभी ये सब छोड़ेगा...?
पीठ पर नहीं, सीने पे खाई थी मैंने गोली –
क्या इस बात पे कभी उसको फ़ख़्र महसूस होगा...?

क्या इस देश का नौजवान
सरहद पर खड़े जवान को कभी समझेगा...?
कोई मर रहा है... ताकि मैं चैन की नींद ले सकूँ...
क्या ये बात समझकर वो फिर से सो पाएगा...?

आँखों में आँसू थामे
वो आगे बोला...
जिस दिन मेरे पिता सरहद पे शहीद हुए थे...
मेरे मोहल्ले वाले दिवाली के जश्न में खोए थे...

क्यों बस १५ अगस्त और २६ जनवरी को

याद आती है हमें हमारे जवानों की शहीदी...?
अगर ऐसा है, तो क्यों ना डरूँ बनने से मैं सैनिक...?
और किस बात की मनाएँ हम आज़ादी...?

8. सलोना-सा सजन है और एक मैं हूँ

एक तन्हा रात है, उसकी यादों में खोया मैं हूँ,
यादें बेबस कर रही हैं, खुद को समेट रहा मैं हूँ।
समेट के फिर बिखरना उसकी बाहों में,
मजबूर नहीं, बेज़ार-सा मैं हूँ।
सलोना-सा सजन है... और एक मैं हूँ।

रुकूँ तुझे तो दिल थमा हुआ-सा मैं हूँ,
ना रुकूँ तो उम्र भर इंतज़ार में भी मैं हूँ।
कि तेरा रूप है एक राहत, उसकी पनाह में जब मैं हूँ,
कोई और महसूस करे उसे तो बड़ी उल्फ़त में भी मैं हूँ।
सलोना-सा सजन है... और एक मैं हूँ।

एक अधूरा चाँद है और एक अधूरा-सा तेरा ख़्वाब,
एक अधूरा-सा तेरा उस रात का वादा,
और एक अधूरा-सा मैं हूँ।
तेरे बिना अधूरा है ज़िंदगी का हर एक मंज़र,
मगर जो आधा चुरा लिया है तूने मुझको मुझी से,
उसी से पूरा आज मैं हूँ।
सलोना-सा सजन है... और एक मैं हूँ।

एक तरफ़ तेरा मुझसे पर्दा करना है,
और दू-सरी तरफ़ तुझे देखने की फ़रियाद मैं हूँ।
कि एक तरफ़ इन हवाओं को आता मुझपे तरस है,
और दूसरी तरफ़ तेरी उड़ती ज़ुल्फ़ों के वार से घायल मैं हूँ।

एक तरफ़ तेरे हुस्न की तारीफ़ करने वाले हज़ारों हैं,
दूसरी तरफ़ तेरी झुकती हुई और उठती हुई पलकों के बीच गुज़ारता ज़िंदगी मैं हूँ।
सलोना-सा सजन है... और एक मैं हूँ।

9. एक तरफा प्यार

वैसे तो इस बंजर मन में
कई सालों से पानी की एक बूंद तक नहीं गिरी थी।

लेकिन अचानक उस दिन,
मेरे घर के सामने वाले मकान की बालकनी में
वो बाल सुखाने आई थी।

अपने हाथों में टॉवल को थामे
उसने अपनी ज़ुल्फ़ों को सूरज के हवाले कर दिया,
जैसे किसी फ़नकार ने
अपनी सबसे ख़ूबसूरत नज़्म को
मेरे नाम कर दिया।

अंदर जाते वक़्त
फिर वो एक बार पलटकर मुस्कुराई थी,
मुझे लगा कि जैसे
बिना पलट बोले ही
मैंने मेरी "सिमरन" पाई थी।

हर इतवार को फिर मेरा दिल

ज़रा ज़ोर से धड़कता था,
क्योंकि उसका वही बाल सुखाना
और पलटकर मुस्कुराना था।

आख़िर एक इतवार
रूह थाम कर मैं चीखा –
“अरे सुनो, क्या पसंद करती हो मुझे?”

उसने बाल सँवार कर,
कुछ क़दम आगे बढ़ाकर पूछा –
“सुनो, क्या पहचानती हूँ मैं तुझे?”

भरी हुई आवाज़ से मैंने कहा –
“अरे मैं वहाँ नहीं, यहाँ हूँ।
और उसने चिल्लाकर कहा –
"मुझे बड़े नंबर के चश्मे हैं,
मैं तुम्हें कहाँ देख पा रही हूँ।”

तो ऐसा था मेरा एकतरफ़ा प्यार,
जो शुरू मुझ पर हुआ,
ख़त्म मुझ पर हुआ,
और शायद दिखा भी
सिर्फ़ मुझी को।

10. मेरे प्यारे डिप्रेशन

मेरे प्यारे डिप्रेशन

पहले तो लगता था,
मुझे तुम्हारी कोई ज़रूरत नहीं,
लेकिन पिछले साल तुम मेरे घर रहने आए,
और तुमसे एक दोस्ती-सी हो गई।

मैं कुछ भी करना चाहता,
तो तुम मेरे सामने आ जाते,
और ये कहते—
“ये सब करने से क्या मिलेगा?”

फिर हम दोनों चैन की नींद सो जाते।
जो लोग मुझे छोड़ चुके थे,
तुम उन्हीं की याद दिलाते।

जिन लफ़्ज़ों से मैं घायल हुआ था,
तुम उन्हीं को बार-बार दोहराते।

याद है?

शराब की पहली बूंद तुमने ही पिलाई थी।
देवदास और चुन्नी बाबू की तरह
हमने कई रातें साथ गुज़ारी थीं।

कोई कभी प्यार से पेश आ भी जाता,
तो तुम बस इतना कहते–
"ये भी छोड़ जाएगा..."
और फिर हम उससे दूर ही रहते।

तुम्हारी सहेलियाँ–मायूसी और निराशा–
फिर हमारे साथ शिफ्ट हुईं।
पुरानी यादों को कुरेदकर रोना,
हम चारों की आदत हुई।

फिर अचानक एक दिन,
हुनर नाम के तुम्हारे चचेरे भाई ने
हमारे दरवाज़े पर दस्तक दी।

तुम डरे-सहमे दरवाज़े के सामने डटे रहे,
मुझे उसकी बात न सुनने दी।
तुमने कहा–
"ये हुनर बड़ा जालिम है,
मुझसे मेरी सारी यादें ले जाएगा,
मायूसी और निराशा को भी
घर से निकाल भगाएगा।"

तुम मुझे व्हाट्सऐप, इंस्टाग्राम पर

इतना बिज़ी रखते,
जैसे ही हुनर मेरा नाम पुकारता,
तुम बड़ी बेरहमी से
उसका मुँह दबाते।

लेकिन एक दिन,
भरी महफ़िल में वो चुपके से मुझसे मिलने आया।
उसने पूछा–
"इस डिप्रेशन के साथ रहकर
आख़िर तुमने क्या पाया?"

फिर बोला–
"छोड़ो इन मायूसी और निराशा को,
मैं तुम्हें साहस और आशा से मिलाता हूँ।"

डिप्रेशन दौड़ता,
चीखता, चिल्लाता हुआ बोला–
"कहा था न दूर रहना!
इसकी बात आखिर सुनते हो तुम क्यों?"

लेकिन तब तक–
हुनर ने मुझे कलम थमाई,
साहस ने पहली कविता लिखवाई,
और आशा ने उसे
सबके सामने पढ़कर सुनाई।

उस दिन से–

तुम मेरा घर छोड़ के चले गए,
साथ में मायूसी और निराशा को भी ले गए।

लेकिन अच्छा हुआ,
तुम दबे पाँव ही चले गए।
क्योंकि जिस तरीक़े से
तुमने मुझे लाचार बनाया था,
तुम्हें तो मैं
मार-मार के भगाता था।

ख़ैर दोस्तों आप और हम
अपने-अपने हुनर के साथ मिलकर
बस एक ही काम करते हैं,
हमारे प्यारे डिप्रेशन को हर घर से भगाते हैं...
हमारे प्यारे डिप्रेशन को हर घर से भगाते हैं...

11. इशारों इशरों में - नज़्म

ये कविताएँ, ये शायरियाँ, ये कहानियाँ, ये ग़ज़लें,
तुमने सीखी हैं कहाँ से?

ये आँखें मिलाना, ये पलके झुकाना,
ये लटों से खेलना, फिर हल्के से शरमाना,
सीखा है मेरी जान, तुमने कहाँ से?

ये दर्द, ये बेचैनी, ये रुसवाई, ये तड़प,
तुम लाते हो कहाँ से?

ये बेरुख़ी, ये ग़ुस्सा, ये रूठना,
ये इशारों-इशारों में दिल को चुराना,
मेरी जान, लाते हो तुम कहाँ से?

इशारों इशारों में दिल दे बैठे हैं,
अब बयां भी सिर्फ़ धड़कनों से होगा।

ना समझ पाए तुम तो भी,
इश्क़ मेरा मुकम्मल होगा।

अल्फ़ाज़ों की ज़रूरत अगर महसूस हो
रूह छूने के लिए,
तो वो इश्क़ भला क्या –
ख़ाक इश्क़ होगा।

महफ़िलों की कहानी अब क्या बयाँ करे तुम्हें,
तुम आते हो तो शेर भूल जाता हूँ,
तुम नहीं आते तो नज़रें चुरा लेता हूँ।
तुम आते हो तो धड़कनों की तेजी रोक नहीं पाता,
तुम नहीं आते तो इन्हीं को खो सा जाता हूँ।

ये इशारों-इशारों में दिल लेना अब तो छोड़ दो,
एक ही दिल है मेरा...
सौ दफ़ा क्यों इसे तुड़वाते हो?

12. तलाश

हमेशा रहती है मुझे
ख़ुदी की तलाश,
शायद डरता हूँ–
कल न बन जाऊँ
बस एक लाश।

बहुत सी चीज़ें हैं
जिन्हें पसंद करता हूँ,
मगर वो एक ही है
जिससे
प्यार करता हूँ।

लेकिन मोहब्बत कहाँ
पैसा कमा के देती है?
वो तो मेरे दर्द में
कहीं बस कैद रहती है।

तो कैसे तलाश करूँ मैं उसे,
जो मुझे रिहा करे,
खुल के आए सब के सामने

और खुद को बयां करे?

डर भी तो रहता है–
जो बयां हुआ,
वो पसंद नहीं आया तो?
डर तो इस बात का भी रहता है–
बयां नहीं हुआ और
अंदर ही मर गया तो?

शायद उसे मारना या रिहा करना
मेरे हाथ में ही नहीं।
उसे रोज़ पेश करके
वो अपना रास्ता पाएगा
ज़रूर कहीं न कहीं।

रोज़ कुछ लम्हें मैं,
उसके नाम कर ही सकता हूँ।
कितना कुछ दबा है
जज़्बातों की चीखों में,
मैं उन्हें बयां कर ही सकता हूँ।

ऐसा कुछ लिखू
जो केवल दूसरों को नहीं,
मुझे भी अस्वस्थ करे।
जो दिखाए मुझे कि
जी रहे थे तुम
कितने अधमरे।

फिर इसे करते रहेंगे
रिहा ज़िंदगी भर,
कोई देखेगा, कोई पढ़ेगा
ये बंदगी का ढेर।
और होगी फिर तलाश
इस किमियागार की,
जिसकी किसी ने नहीं देखी
एक भी झांकी।

तब सबकुछ होगा–
पैसा, शोहरत,
फिर अब किस बात की तलाश?
अब उसे,
जो सच्चे दिल से
ये विरासत स्वीकार सके,
बस एक उस इंसान की तलाश,
बस एक उसी की तलाश।

---

13. मोह मोह के धागे

यह उनका मुझे रिझाना
शर्मा के पास बुलाना
मैं जानता हूँ है सारे बहाने।
यह हसीनाएं, उनकी यह अदाएँ,
कुछ नहीं है तेरे आगे।
तुझी से जो बाँधे हैं मैंने,
मेरे मोह मोह के धागे।

मेरा वो दिन तेरी रात पे जो आ ठहरा था,
उस शाम को तेरी जुल्फों का जादू कुछ गहरा था।
मेरी धड़कनों ने जो इज़हार किया,
ना जाने तूने कैसे सुना।
तू जरूर होगा कोई पागल,
जो तूने मुझको चुना।

तेरे वादों पे अपने टूटे दिल से एतबार कर लूँ,
मेरे लफ़्ज़ों को तेरे होठों के नाम कर दूँ,
तेरी रूह को छूके तुझे थोड़ा जान लूँ,
की तेरी झूठी बातें मैं आज सारी मान लूँ।

यह किस्से, यह कविताएं, यह कहानियां,
तुझ पर लिखे लफ्जों से भरी मेरी डायरियां
निभाता हूँ आज भी दीवानगी तुझे चाँद बुलाके,
रखता हूँ तेरी हर याद को किताब में फूल बनाके।
क्या करूं तुझी से जो बाँधे हैं मैंने,
मेरे मोह मोह के धागे।

14. चलो इश्क करते हैं

आज कुछ अपनी ही रूह से गुफ़्तगू करते हैं,
ज़रा अपने बचपन से मिल आते हैं।
जिसे देखा करते थे आख़िरी बेंच पर बैठे हुए,
उसे ज़रा याद करते हैं...
चलो इश्क़ करते हैं।

जिस गली को मानते थे अपना रहगुज़र,
वहीं से एक नया सफ़र शुरू करते हैं।
जिस पेड़ की छाँव में गुज़ारी थीं तन्हा दोपहरें,
चलो उसे गले लगाकर पुरानी धूप सँजोते हैं।
चलो इश्क़ करते हैं।

कभी किसी की उँगलियों ने बड़ी बहादुरी से
सफ़र तय किया था तुम्हारी उँगलियों तक,
चलो वही हाथ आज फिर से थामते हैं।
उसके सुनहरे बालों की तारीफ़ करते हैं,
जो वो पलटकर हल्के से शर्माती थी।
चलो आज उसकी वही दिलकश मुस्कुराहट
को भी पाने की एक कोशिश और करते हैं...

चलो इश्क़ करते हैं।

उसे अपने सारे जज़्बात बयाँ करने
हम पूरे यक़ीन से गए थे,
मगर उसका पूरा नाम पता चला,
तो न चाहते हुए भी वहाँ से लौट आए थे।
चलो आज इस **जाति** का चश्मा हटा कर
उसे खुली आँखों से देखते हैं...
चलो इश्क़ करते हैं।

यक़ीन था कि वो "हाँ" ही कहेगी,
इसी जज़्बात में सारी रात जागे थे।
जब नकार दिया उसने,
विस्की में दो आँसू मिला कर पिए थे।
चलो आज उसके "ना" को
उसके स्वाभिमान के साथ स्वीकारते हैं...
चलो इश्क़ करते हैं।

किसी बूढ़े के जवान दिल को खुश करते हैं,
किसी ग़रीब की कुटिया में एक निवाला खिलाते हैं।
किसी अनजान को गले लगाकर मुस्कुराते हैं...
किसी हसीन दिल को उसके हसीन होने का एहसास दिलाते हैं,
अभी मोहब्बत ज़िंदा है इस दुनिया में–
यह चीख़ कर बताते हैं...

चलो इश्क़ करते हैं, चलो इश्क़ करते हैं।

15. बरसात की रात

ज़िंदगी भर नहीं भूलेगी
वो बरसात की रात,
एक अजनबी हसीना से
मुलाक़ात की रात।

आधी रात को खुले आसमान में
मेरा दिल टहलने निकला था
सुकून की तलाश में।

ख़ाली थीं सड़कें
और ख़ाली था अंदर से मैं भी।
प्यासी थी ज़मीन
और बरसने को तैयार था
आसमान भी।

मगर किसी ने शायद
वो आवारा बादल को
बरसने से मना कर दिया हो।

"तुम मर्द हो, रो नहीं सकते,"

ऐसा सोच कर
शायद उसने खुद को रोक लिया हो।

खुद पर आता हुआ ग़ुस्सा
वो बिजलियों से जता रहा था,
चाँदनी की खूबसूरती को
अपने काले अंग से
छुपा रहा था।

फिर उसी चमकती बिजली ने
चाँद को पल भर में
ज़मीन पर उतार दिया।
एक हसीन चेहरे ने
मेरे दिल की धड़कनों को
मुझी से चुरा लिया।

उसने पूछा मुझसे–
"ये रास्ता आगे कहीं जाता है,
या यहीं थोड़ी दूरी पे
ख़तम हो जाता है?"

मैं उसकी आँखों में बसी
मासूमियत देखता रह गया।
उसने फिर दोहराया–
"मैं आपसे पूछ रही हूँ,
क्या ये रास्ता आगे कहीं जाता है,
या यही ख़तम हो जाता है?"

मैंने कहा—
"जाता तो इंसान है,
रास्ते होने की तसली
सफ़र बस आसान बनाती है।
और रास्ता ख़तम हुआ भी,
तो मंज़िल वही
इंतज़ार करती है।"

गुस्से से देखकर वो बोली—
"शायर हो क्या?
सीधा-सीधा जवाब नहीं दे सकते?
मैं अपना रास्ता ढूँढ लूँगी,
तुम निकलो अपने रास्ते।"

मैं अपने रास्ते निकलता
उससे पहले
बूँदें बादलों से निकलीं
ज़मीन के रास्ते।

बरसात जैसे दौड़ के
हमें मिलाने आई हो,
हमें वही कुछ देर
रोकने के वास्ते।

उसने कहा—
"बारिश से उठने वाली

मिट्टी की खुश्बू
मुझे सबसे ज़्यादा पसंद है।”

मैंने कहा–
“मिट्टी की खुश्बू ढूँढने निकली,
भीगती हुई चाँदनी देखना
मुझे भी बहुत पसंद है।”

इतना भी बुरा नहीं लिखते तुम,
ये कहकर उसने अपनी ज़ुल्फ़ों को आज़ाद कर दिया।
काश मैं उसकी ज़ुल्फ़ों से गुज़रता हुआ
वो बूंद होता,
जिसने उसके चेहरे पर आकर
उसके होंठों को था चुमा।

उसने कहा–
“लगता है ये बारिश अब रुकेगी नहीं।”
मैंने कहा–
“अगर रुक गई ना,
तो भगवान से फिर मेरी बनेगी नहीं।”

उसके बाद
ना वो कुछ बोली,
ना मैं।
मगर कमबख़्त मेरी धड़कनें
बरसात की बूँदों से
तेज़ बज रही थीं।

और शायद
उसे वो महसूस हो रही थी।

फिर अचानक
वो मेरी तरफ बढ़ी,
मेरे दिल पर हाथ रखकर बोली–
“इतनी बेचैनी ठीक नहीं, शायर साहब,
बरसात होती ही है
दिलों के फिसलने के लिए।”

मैं भी शायरा हूँ।
शुक्रिया इस दो पल की हसीन मुलाक़ात के लिए।
वो वहाँ से भीगते हुए
अपनी मंज़िल की ओर चल पड़ी।

उसे आवाज दूँ,
उसे छू लूँ,
उसका नाम पूछूँ,
उसे फिर मैं कहाँ मिलूँ–
ये सोचता रहा मैं
वही।

लोग पूछते हैं–
“ऐसी कोई लड़की मिली भी थी
या बस तुम्हारा वहम था?”
काश वहम ही होता,
तो रोज़ होती उससे मेरी बात।

ज़िंदगी भर नहीं भूलेगी
वो बरसात की रात,
एक अजनबी हसीना से
मुलाक़ात की रात।

16. हां मैं हिंदू हूं

इस दुनिया का सबसे प्राचीन इतिहास हूँ,
विश्णु ब्रह्म शिव का वरदान हूँ,
छत्रपती शिवाजी महराज की शान हूँ,
विश्व की पुकार हूँ,
मैं भागवत का सार हूँ।

इस देश की ८० प्रतीशत जनसंक्या हूँ,
लेकिन, मैं ये कहने से डरता हूँ,
हा, मैं हिंदु हूँ।

मैं भी अपने धर्म का प्रचार करना चाहता हूँ,
अपने भाईयों, बहनों पर होने वाले अत्याचार से लड़ना चाहता हूँ।
चार सो साल पहले क्यों वो मंदिर तूटे थे?
इतिहास से ये सवाल पूछना चाहता हूँ।

लेकिन कट्टरवाद के आरोप से बचना चाहता हूँ,
सेकुलरिज़्म की टोपी पहन के मैं कूल दिखना चाहता हूँ,
हाँ, मैं हिंदु हूँ।

अफजल हम शर्मिन्दा हैं, तेरे कातिल जिन्दा हैं,

कश्मीर की आज़ादी तक, भारत की बरबादी तक जंग चलेगी, जंग चलेगी,
जब भगवा जलेगा, देश बचेगा, देश बचेगा।
ऐसे नारे सुनकर भी, मैं केवल सैयम ही रखता हूँ।

लेकिन बाबरी के गिरने पर, मैं ही सवाल उठाता हूँ।
हाँ, मैं हिंदु हूँ।

मुक्तार अन्सारी, याकुब मेनन की मौत पर रोने वाले को सहानुभूति में दर्शाता हूँ,
एपीजे अब्दुल कलाम की मौत पर रोने क्यों नहीं आये थे, ये सवाल नहीं उठाता हूँ।
एक राष्ट्रीय दल की जातीय कट्टरवाद पर सवाल उठाता हूँ,
लेकिन दूसरे राष्ट्रीय दल की, चैनात्मक धर्मनिरपेक्षता को स्वीकार लेता हूँ।
हाँ, मैं हिंदु हूँ।

अगर मैं अपने श्लोकों का पठन करते वक्त जरासा भी नहीं हिचकिचाता हूँ,
भगवे वस्त्र, भगवा तिलक परिधान करके
मंदिर जाने से नहीं डरता हूँ,
किसी भी प्रोपेगंडा का हिस्सा न होकर,
सद विवेक और बुद्धि से विचार करता हूँ।
७०% होकर भी हमारे साथ दुरव्यवहार, शोषण, अत्याचार हो सकता है,
ये खुलेआम कहता हूँ।

सारे धर्मों को आदरपूर्वक नमन करके,
बड़े शान से मैं अपने धर्म का कर्तव्य निर्वाहन करता हूँ..
तो ही आज से मैं कहूँगा कि–
हा, मैं हिंदु हूँ, मैं हिंदु हूँ।

---

17. तुम्हें उससे क्या !

मेरी जिंदगी कटी पतंग बन के रह जाए
और उसे कोई कभी लूट ना पाए,
मगर तुम्हें उससे क्या?

मयखानों को मेरी आँसुओं की लत लग जाए
और सारी उम्र मेरी तेरे इंतजार में गुजर जाए,
मगर तुम्हें उससे क्या?

मुझे आकर मिले तन्हाई
और मेरी माशूका बन कर मेरे पास हमेशा के लिए रह जाए,
मगर तुम्हें उससे क्या हूँ?

मुझे देखकर मुस्कराने वाली हसीनाओं को
मेरे हसीन चेहरे के साथ
मेरे टूटे दिल के सारे ज़ख्म
खूले-आम दिख जाए,
मगर तुम्हें उससे क्या?

सारी दुनिया की खुशियाँ एक तरफ
और तेरा गम एक तरफ दिखने लग जाए।

मेरे कदम फिर भी तेरे गम से भरी राह चुनने लग जाए।
चुने तो चुने तुमें उससे क्या।

धूल भरी किसी किताब के धूल भरे किसी पन्ने पर
तेरा खत मिल जाए,
मुझे कभी न छोड़ के जाने का तेरा वो वादा भी मिल जाए,
मेरे आँसू उस वादे तक पहुँच कर उसे हमेशा के लिए मिटा जाए,
मगर तुम्हें उससे क्या।

कोरेगाव पार्क के किसी पब के शोर भरी बीट पर
मैं विस्की नीट पी जाऊँ,
और दोस्तों की बातों के बीच में बार-बार तुम्हारा ही जिक्र करता जाऊँ,
मेरी इन हरकतों की वजह से मैं पागल कहलाऊं
मगर तुम्हें उससे क्या।

किसी दिन सालों बाद
अचानक किसी बाज़ार में मुझे देखो,
तुम मेरा नाम पुकारो तुम
और तुम्हारा बच्चा दौड़ता तुम्हारे पास आए,
मुझे उससे मिलाओ तुम
और वह मुझे "मामा" कह कर पुकारे!
पुकारे तो पुकारे,
तुम्हें उससे क्या।

किसी भरी महफ़िल में तेरी याद आए
और मै शायरी अर्जी करूँ कि,

मुझे छोड़ जाने वाले कभी तो याद कर लिया कर,
मेरे किसी दोस्त को "वो कैसा है" बस इतना पूछ लिया कर।
मेरी ये दर्द भरी शायरी सुनकर लोग रो पड़े,
कोई रोय, हँसे या मरे,
मगर तुम्हें उससे क्या।

आपकी नज़्म में केवल हल्की-सी वर्तनी और विराम सुधार की जरूरत है। मैंने इसे आपके मूल स्वरूप और वाक्य संरचना बनाए रखते हुए सुधार दिया है:

मेरी जिंदगी कटी पतंग बन के रह जाए
और उसे कोई कभी लूट ना पाए,
मगर तुम्हें उससे क्या?

मयखानों को मेरे आँसुओं की लत लग जाए
और सारी उम्र मेरी तेरे इंतजार में गुजर जाए,
मगर तुम्हें उससे क्या?

मुझे आकर मिले तन्हाई
और मेरी माशूका बन कर मेरे पास हमेशा के लिए रह जाए,
मगर तुम्हें उससे क्या हूँ?

मुझे देखकर मुस्कराने वाली हसीनाओं को
मेरे हसीन चेहरे के साथ

मेरे टूटे दिल के सारे ज़ख्म
खुले-आम दिख जाए,
मगर तुम्हें उससे क्या?

सारी दुनिया की खुशियाँ एक तरफ
और तेरा गम एक तरफ दिखने लग जाए।
मेरे कदम फिर भी तेरे गम से भरी राह चुनने लग जाए।
चुने तो चुने, तुमें उससे क्या।

धूल भरी किसी किताब के धूल भरे किसी पन्ने पर
तेरा खत मिल जाए,
मुझे कभी न छोड़ के जाने का तेरा वो वादा भी मिल जाए,
मेरे आँसू उस वादे तक पहुँच कर उसे हमेशा के लिए मिटा जाए,
मगर तुम्हें उससे क्या।

कोरेगाव पार्क के किसी पब के शोर भरी बीट पर
मैं विस्की नीट पी जाऊँ,
और दोस्तों की बातों के बीच में बार-बार तुम्हारा ही जिक्र करता जाऊँ,
मेरी इन हरकतों की वजह से मैं पागल कहलाऊँ,
मगर तुम्हें उससे क्या।

किसी दिन सालों बाद
अचानक किसी बाज़ार में मुझे देखो तुम,
मेरा नाम पुकारो तुम,
और तुम्हारा बच्चा दौड़ता तुम्हारे पास आए,
मुझे उससे मिलाओ तुम,

और वह मुझे "मामा" कह कर पुकारे!
पुकारे तो पुकारे,
तुम्हें उससे क्या।

किसी भरी महफ़िल में तेरी याद आए
और मैं शायरी अर्जी करूँ कि,
मुझे छोड़ जाने वाले कभी तो याद कर लिया कर,
मेरे किसी दोस्त को "वो कैसा है" बस इतना पू
छ लिया कर।
मेरी ये दर्द भरी शायरी सुनकर लोग रो पड़े,
कोई रोय, हँसे या मरे,
मगर तुम्हें उससे क्या।

---

18. पता नहीं कैसा बाप बन पाऊंगा मैं...?

क्या तेरे इन छोटे कदमों को
अपनी हथेलियों पर झेल पाऊंगा मैं...?

जिज्ञासा से दुनिया को देखती तेरी नज़रों को
क्या एक बड़ा ख़्वाब दिखा पाऊंगा मैं...?
पता नहीं कैसा बाप बन पाऊंगा मैं...?

तू रात में जागते ही
क्या अपनी नींद को भूल पाऊंगा मैं...?
तुझे पसंद है जो लोरी, तेरी दादी की तरह
क्या तुझे सुना पाऊंगा मैं...?
पता नहीं कैसा बाप बन पाऊंगा मैं...?

तुझे उंगली पकड़कर
रेंगने से चलना, और चलने से दौड़ना
क्या सिखा पाऊंगा मैं...?
तेरी हर ज़िद को तू बिना बोले
तुझे वह सब कुछ दे पाऊंगा मैं...?
पता नहीं कैसा बाप बन पाऊंगा मैं...?

यह ऑफिस और रोज़मर्रा की परेशानियों को भूलकर
क्या तुझे पूरा वक़्त दे पाऊंगा मैं...?
"बेटा इसे पहाड़ कहते हैं, इसे नदी और इसे समंदर कहते हैं"
क्या तेरे साथ यह पूरी दुनिया घूम पाऊंगा मैं...?
पता नहीं कैसा बाप बन पाऊंगा मैं...?

तुझे प्यार हुआ कभी तो
क्या तेरा दोस्त बनकर तेरी सेटिंग कर पाऊंगा मैं...?
शायद कभी तुझे डांटना भी पड़े तो
क्या तेरी ग़लतियों पर सही सलाह दे पाऊंगा मैं...?
पता नहीं कैसा बाप बन पाऊंगा मैं...?

क्या मेरे लड़खड़ाते बूढ़े कदमों से
अंत तक तेरे साथ चल पाऊंगा मैं...?
"ज़िंदगी बहुत ख़ूबसूरत रही बेटा"
क्या एक दिन यह शान से कह पाऊंगा मैं...?
पता नहीं कैसा बाप बन पाऊंगा मैं...?

जो तेरी सूरत पे हँसी ला सके,
जो तुझे सही-ग़लत का मतलब समझा सके,
जो तुझे चलना ही नहीं, ऊँची उड़ान भरना सिखा सके,
जो तेरी ख़्वाहिशों को पूरा कर सके,
जो तुझे तेरे सपनों में जान डालना सिखा सके,
जो हार से सीखने का जज़्बा
और जीत पर पाँव ज़मीन पर रखने का मतलब

सिखा सके—
ऐसा बाप ज़रूर बनना चाहूंगा मैं...!!!

19. घर की दिवाली

पापा सलाह दिया करते थे,
मेहनत नहीं करोगे,
तो ज़िंदगी में आगे
कैसे बढ़ोगे?

मेहनत करने का ज़िम्मा उठाते ही
मा कहने लगी,
क्या इस साल भी दिवाली
घर नहीं आओगे?

हाँ मा, इस दिवाली
कुछ काम है, ज़रा समझ लेना,
एक और बार मेरी याद में
एक दिया जला लेना।

अगली बार दिवाली में
तीन दिन पहले आऊँगा,
तुम्हारे लिए
एक ख़ूबसूरत-सी साड़ी भी लाऊँगा।

फिर हँसते हुए
मा अन्दर से ज़रा-सा रो लेती,
और पड़ोस के किसी बच्चे को
एक लड्डू खिला देती।

पापा अपनी ही दी सलाह पर
अफ़सोस कर लेते,
रो तो वो सकते थे नहीं,
तो अपनी बेबसी पर
ज़रा-सा हँस लेते।

कई दिवाली आई,
और कई दिवाली गई,
मेरी मेहनत वैसे ही
जारी रही।

झूठे वादों का सिलसिला
चलता रहा,
अब तो मुझे
घर न जाने की आदत-सी हो गई,
और इंतज़ार करना ही
मेरे घरवालों की
ज़िंदगी हो गई।

लेकिन फिर,
एक दिवाली मैंने
घर जाने का मन बना लिया,

मा के लिए एक साड़ी
और पापा के लिए
कुर्ता भी ख़रीद लिया।

मैं बिना बताए
घर जाकर उन्हें चौंकाना चाहता था,
उनसे मिलकर,
माफ़ी माँगकर
ज़रा-सा रोना चाहता था।

बेसब्री से दौड़ता
मैं घर तक आ पहुँचा,
और फिर वो हुआ
जिसके बारे में
कभी था न सोचा।

मेरे घर के दर पर
एक ताला लगा था,
रोशनी से जगमगाते
मोहल्ले में
मेरा ही घर
खाली पड़ा था।

तभी पापा का कॉल आया –
"अगली दिवाली हम साथ मनाएँगे,
तुम हमेशा यही थे न कहते?
बेटा, हम तुम्हारे घर आए हैं,

तुम दरवाज़ा क्यों नहीं खोलते?"

तब समझा,
माता-पिता का प्रेम क्या होता है।
पैसे कमाने की दौड़ में
इंसान रिश्ते खोता है।

अच्छी ज़िंदगी की चाह में
हम अपना घर छोड़ रहे हैं,
और प्रभु श्रीराम की तरह
मजबूरी न होकर भी
खुद पर वनवास ओढ़ रहे हैं।

20. मेरी ग़ज़ल

कहती है,
कि उसको शिकायत रहती है –
मैं उसकी तारीफ़ में कुछ नहीं लिखता...
देखो,
जिनपे ग़ज़लें लिखनी चाहिए,
उनपे मैं शेर नहीं लिखता।

उसकी आँखों को देखो तो,
मानो रात का आसमान झुककर
अपने सारे तारे उसमें बिखेर देता हो।
उसकी मुस्कान,
जैसे नदी के पानी पर
चाँद अपनी पहली किरण लहरा देता हो।

उसके बालों में छुपा सारा समंदर,
कभी तूफ़ान-सा बिखरता है,
कभी शांति-से बहता है।
उसकी चाल,
जैसे कोई हवाओं से बातें करता फूल,
धीरे-धीरे झूमता है।

वो जब बोलती है,
तो लगता है पहाड़ों की घाटियों में
कोई मीठी धुन गूँज रही हो।
और जब चुप रहती है,
तो जैसे रेत पर उतरती
सागर की लहरें खुद ही कविता बन रही हो।

मैं कैसे लिख दूँ उस पर शेर?
वो तो ख़ुद ही ग़ज़ल की किताब है,
हर पन्ने पर बिखरी उसकी ख़ुशबू
महसूस करने को मेरा दिल बेताब है।

कहती है शिकायत है मुझे –
कि मैं उसकी तारीफ़ में कुछ नहीं लिखता...
पर सच तो ये है,
कि मैं जितना हूँ लिखता ,
सब तेरा ही तो है
तुझे क्यों नहीं दिखता।

21. ये बारिश भी कुछ-कुछ तुम-सी है

ये बारिश भी कुछ-कुछ तुम-सी है

जब चाहते हो कि ये बरसे,
तब वो कहती है –
अरे ऐसे कैसे,
पहले आप थोड़ा तरसे।

और जब चाहते हो
कि ये थोड़ी देर रुक जाए,
तब ये कहती है –
इतनी क्या जल्दी है,
क्यों ना हम और थोड़ा भीग जाए।

तुम्हारी ही तरह
ज़रासी ज़िद्दी है,
ये बारिश भी
कुछ-कुछ तुम-सी है।

जैसे भी हो,

बस अपनी मन्मानी करना चाहती है,
सबको एक अनसुलझी,
पहेली-सी दिखना चाहती है।

अगर ये गुस्सा हो जाए,
तो तांडव करके बिजली चमकाती है,
और महब्बत करनी हो,
तो छत पर हल्की बूंदाबांदी करके रिझाती है।

तुम्हारी ही दिलकश अदाओं जैसी है,
ये बारिश भी कुछ-कुछ तुम-सी है।

कभी रात को गरज पड़ती है,
कभी दिन भर कहीं निकलने नहीं देती,
इसकी ये आदतें भी कुछ-कुछ तुम-सी है,
ये बारिश भी कुछ-कुछ तुम-सी है।

कभी बूंद बन के पत्तों में सिमट जाती है,
कभी गिर के ज़मीन पर फ़ना हो जाती है,
तेरी भीगी ज़ुल्फ़ों से छलकते बूंदों की तरह है,
ये बारिश भी न कुछ-कुछ तुम-सी है।

कभी किसी हसीन ग़ज़ल की तरह गुनगुनाती है,
कभी किसी शायरी-सी इटलाती है,
कभी संगीत की धुन में डूबा जाती है,
बिलकुल तुम्हारी बातों जैसी है,
ये बारिश भी कुछ-कुछ तुम-सी है।

कभी मेरे आँसुओं को
अपने बूंदों में समा लेती है,
और कभी मुझे आधा भीगा छोड़
रुला जाती है।

तुम्हारी ही तरह
ज़रा-सी बेवफ़ा भी है,
ये बारिश भी
कुछ-कुछ तुम-सी है।

www.ingramcontent.com/pod-product-compliance
Lightning Source LLC
LaVergne TN
LVHW050800051026
849532LV00008B/2927
* 9 7 9 8 9 0 0 8 1 3 9 6 7 *